GÉNÉRAL DE NÉGRIER

Les Forces Chinoises

en 1910

EXTRAIT DE LA *REVUE DES DEUX MONDES*
du 1ᵉʳ Août 1910

PARIS

LIBRAIRIE CH. DELAGRAVE
15, RUE SOUFFLOT, 15

Les Forces Chinoises

en 1910

GÉNÉRAL DE NÉGRIER

Les Forces Chinoises

en 1910

EXTRAIT DE LA *REVUE DES DEUX MONDES*

du 1er Août 1910

PARIS

LIBRAIRIE CH. DELAGRAVE

15, RUE SOUFFLOT, 15

Les
Forces Chinoises
en 1910

Le réveil de la Chine est partout admis comme un fait indiscutable. A travers cette image, l'Européen voit apparaître, dans un avenir que l'exemple du Japon lui montre rapproché, un État organisé sur un modèle peu différent de celui des nations occidentales et pourvu de leur outillage scientifique, industriel et militaire. Cet État pèserait alors sur les destinées du monde, du poids de ses quatre cents millions d'habitans.

L'épouvantail agité par certains écrivains et nommé par eux « le Péril Jaune » est né de cette conception. Dans quelles limites l'état actuel de la Chine permet-il de la justifier? S'il est admis que l'influence extérieure, la force d'expansion, sont des fonctions de la puissance militaire, quelle est la force actuelle de l'Empire Chinois et que sera-t-elle dans quelque temps? L'énumération des élémens de combat et des formations projetées serait insuffisante. Le nombre est loin d'être le facteur essentiel. L'esprit de la nation, son moral, son patriotisme, sont autrement importans. Il est donc nécessaire d'examiner à ce point de vue la situation de la Chine. L'accroissement qu'elle essaie de donner à son état militaire, le résultat qu'elle peut en attendre seront alors plus exactement appréciés.

L'éthique d'un peuple dirige ses tendances, le pousse à l'action ou l'incite à l'inertie. Des peuples très divers comme races peuvent être très unis par leur éthique. Lorsque celle-ci s'est fixée depuis des siècles, il en résulte une mentalité de même ordre, commune à tous. Les religions donnent cet exemple. Les habitans des 18 provinces de la Chine ne sont pas de même origine. La langue usuelle est différente et le Chinois du Nord ne comprend pas le Chinois du Sud. Mais leur éthique est la même. Elle est fondée sur les doctrines de Confucius et de Mencius. Voici plus de 2 000 ans que ces doctrines façonnent le cerveau chinois. Elles lui ont donné une forme que le contact de la culture occidentale ne saurait changer, car des siècles sont nécessaires pour modifier l'intellectualité d'une nation convaincue de la supériorité de sa civilisation. La Chine est dans ce cas. De tout temps, son orgueil fut immense. Les désastres passés ne l'ont pas diminué et les événemens de la guerre russo-japonaise lui ont donné une impulsion nouvelle. Le raisonnement des Chinois est simple. Ils disent : Une des plus grandes puissances de l'Europe a été refoulée par les Japonais, nation de cinquante-deux millions d'habitans. Nous sommes plus de quatre cents millions. Comme culture intellectuelle, ils nous sont également inférieurs. Leurs lettrés ne sauraient se comparer aux nôtres, et reconnaissent nous devoir leur civilisation. Ils ont eu le bon sens de s'approprier les méthodes scientifiques et les engins des Européens. De là leurs succès. Lorsque nous aurons acquis les connaissances techniques nécessaires, les étrangers seront écartés. Nos ingénieurs exploiteront nos ressources et, s'il en est besoin, des millions de soldats nous feront respecter.

Le gouvernement chinois ne se demande pas si l'état du pays comporte l'exécution d'un pareil programme. Son orgueil ne lui permet pas d'en douter. Dès maintenant, il réunit des troupes nombreuses, mais que valent-elles ? Il crée hâtivement les organes nécessaires à la vie de l'armée nouvelle. Les élémens de ces organes ont-ils l'aptitude suffisante? Leur liaison est-elle assez assurée pour que l'ensemble puisse fonctionner? Certes, on peut constater le désir de faire oublier que de tout temps le militaire fut tenu en mépris. Mais la volonté impériale se heurte à des sentimens provenant de coutumes séculaires et d'un enseignement philosophique ayant la force d'une religion.

La philosophie de Confucius, — 550 ans avant Jésus-Christ, — s'applique à la morale ainsi qu'à la manière de vivre. Elle a pénétré dans tout le système politique et social et formé l'âme de la nation. Le bouddhisme métaphysique et le Taoïsme matérialiste sont acceptés, mais ne sont pas religion d'État. Le Bouddhisme n'est pas honoré par les lettrés, le Taoïsme rentre dans la philosophie confucienne. Il serait trop long d'exposer la doctrine. Mais en raison de la mentalité spéciale qu'elle développe, il faut rappeler un de ses principes auquel les Chinois sont très attachés. Il sert à justifier les défaillances. Un encouragement de cet ordre, lorsqu'il est présenté sous une apparence de raisonnement philosophique, trouve dans les pays en décadence des auditeurs favorablement disposés. La piété filiale, dit le livre classique portant ce titre, est la racine de la vertu et la tige d'où sort l'éducation fondée sur les principes de la morale. Le premier devoir que la piété filiale nous impose, est de préserver avec le plus grand soin notre corps de toute blessure, de le conserver en parfait état, car notre corps est un don de nos parens. Lorsque nous pouvons acquérir une situation dans le monde, nous devons régler notre conduite d'après ce principe, de manière à transmettre notre nom aux générations futures et à faire rejaillir notre gloire sur nos parens. Ceci est le dernier devoir de la piété filiale. Il commence par les devoirs dus aux parens, est continué par les services rendus au Prince et il est complété par l'élévation de nous-mêmes. Un autre philosophe très apprécié, Chwang-tsz, que nous appelons « Chancius, » proclame la vanité de l'effort. La vie, ajoute-t-il, est un bien dont il faut avoir soin, mais comme on peut estimer que l'existence est une chose irréelle, on doit envisager la mort avec indifférence. Confucius prescrit aussi d'être fidèle à l'Empereur, chef de la famille, fils du Ciel. Ce n'est pas là un titre purement honorifique. L'Empereur règne en vertu d'un droit despotique et absolu qui lui vient des cieux.

Ce droit divin, il le garde aussi longtemps qu'il règne en conformité des décisions célestes. Lorsque la dynastie périclite en raison de ses fautes ou de ses vices, le ciel suscite un homme qui par ses vertus, sa bravoure, ses armes, ses aptitudes au pouvoir, est en état d'arracher le sceptre des mains trop débiles. D'après ce principe, le souverain est toujours légitime. Il ne peut pas être question d'un usurpateur. Il a réussi, il est donc le vrai fils du Ciel. Les tentatives pour provoquer un mouvement en faveur d'un descendant de l'ancienne dynastie des Ming n'ont guère de chance de succès, mais une rébellion peut susciter un nouveau fils du ciel.

La doctrine de Confucius a pour bases l'autorité absolue du chef de famille et la responsabilité collective. Dans cette conception, la famille est la cellule, l'élément primaire de tout l'organisme. Elle est représentée par son chef. Le groupement des familles forme les villages, celui des villages, les districts et ainsi de suite. Chaque chef est personnellement responsable vis-à-vis de l'échelon supérieur de tout ce qui se passe dans le groupe soumis à son autorité. Celle du chef de famille est partout indiscutée. Elle repose sur le culte des ancêtres. Ce culte exerce une influence souvent prépondérante dans les actes journaliers de la nation. Les coutumes, les actes judiciaires, l'accession aux plus hautes fonctions, même la succession au trône en dépendent. Ainsi un magistrat infligera une peine légère au coupable s'il est orphelin pour lui permettre de continuer les sacrifices dus à ses parens. Dans la succession, un Empereur doit être plus jeune que son prédécesseur, de manière à pouvoir accomplir les rites. Le culte des ancêtres comporte les invocations aux morts, et la satisfaction de leurs mânes. D'après les croyances générales, l'homme a trois âmes. Au moment de la mort, l'une va dans la tablette ancestrale préparée à cet effet et placée dans la maison ; elle y reçoit en temps fixé les hommages de ses descendans ; la seconde réside dans la tombe où elle est également l'objet de manifestations pieuses ; la troisième se rend dans le monde infernal, pour recevoir la récompense ou la punition de ses actes. Elle revient ensuite sur la terre, comme dieu, homme, oiseau ou autre animal, suivant ses mérites. Cette troisième âme est honorée dans le temple de la cité. Comme les vivans, les esprits ont des besoins. Les parens ont le devoir d'y pourvoir. Là se manifeste la mentalité chinoise, disposée aux larges promesses, mais réservée dans leur accomplissement (1). Les objets destinés aux morts consistent dans leur représentation minuscule en papier ou en bambou, maisons, bateaux, vêtemens, monnaie... pour les leur faire parvenir on les brûle avec des baguettes d'encens. Il est donc de première importance d'avoir un fils, les sacrifices voulus seront alors faits sur votre tombe. Si le Chinois ne peut avoir de fils, il a recours à l'adoption. Ce sera un neveu ou même un étranger à sa famille. Ce fils adoptif se conforme aux rites, comme l'eût fait un véritable fils. Il en aura aussi tous les droits. Cette disposition assure la continuité de la famille. Le groupement auquel l'individu appartient compte seul et répond de lui et de ses actes. Ainsi dans le cas d'une faillite frauduleuse, il n'est pas possible de faire passer ses biens sur la femme ou sur les enfans, la famille est responsable. Aussi le failli a-t-il soin de disparaître. L'autorité du chef de famille s'exerce sans contrôle. Dans certaines régions, l'infanticide se pratique, principalement sur les filles quand les moyens de nourrir les parens âgés viennent à manquer. Les autorités essaient mollement de s'y opposer, sans succès d'ailleurs. Un jeune homme de mauvaise

(1) *Things Chinese by dyer Ball.*

conduite ou manquant aux lois du respect, est parfois attaché, oublié, et meurt de faim. L'esclavage est reconnu par les lois. Il est fréquent de voir les pères de famille vendre leurs enfans, surtout leurs filles, moyen souvent employé pour éteindre une dette. Dans leurs premières années, les enfans sont très choyés, les Chinois les aiment. Plus tard l'obéissance absolue leur est inculquée, au besoin par la violence. Le père frappe le fils, quel que soit l'âge de celui-ci. La désobéissance aux parens est considérée comme faute criminelle. L'enfant est ainsi élevé dans une atmosphère d'observances, d'humilité et de soumission aveugle où son individualité ne peut pas se développer. Des superstitions sans nombre, des croyances aux présages, aux sorts, à l'action incessante des esprits, une crédulité enfantine, en font un être craintif, pusillanime, obséquieux et sans volonté. Il est dès lors facile à entraîner. Ainsi s'expliquent les séditions et les émeutes fréquentes. Comme tous les cœurs faibles, lorsque excité par des chefs il est sûr de l'impunité, il devient féroce et affreusement cruel. L'éducation donnée dans la famille ne comporte aucune instruction. Un dixième à peine de la population sait lire. L'enfant du peuple ne reçoit un commencement d'instruction que grâce à l'action du groupement supérieur : le clan.

La continuité de la famille amène son épanouissement en branches nombreuses, provenant de la même souche. Dans nombre de villages les habitans appartiennent au même clan. Le temple des ancêtres est érigé et entretenu à frais communs. Dans les grandes agglomérations, ces temples sont donc nombreux. Les rites resserrent les liens de cette nouvelle grande famille. Le clan assure la protection de ses membres, par l'action de ses notables sur les mandarins. En être exclu définitivement ou même temporairement, est un grand malheur. Que devient en Chine l'individu sans protection s'il possède quelque chose ? Quand la famille n'a pas les moyens de donner à l'enfant l'instruction nécessaire pour atteindre le but visé, le clan intervient souvent. Dans les groupemens éloignés des écoles gratuites, des cotisations permettent d'entretenir un professeur. Les enfans les plus intelligens seront poussés jusqu'aux études supérieures donnant la possibilité d'obtenir des fonctions lucratives. Le succès assurera une large rémunération et, conformément à la loi confucienne, la gloire du lauréat anoblira ses ancêtres et sera profitable à ses descendans : syndicat d'éleveurs dont un poulain gagnera peut-être le Derby. D'après les édits impériaux, l'accès des fonctions est ouvert à toutes les capacités reconnues par examen. Pratiquement il n'en est pas ainsi, car directement ou indirectement les charges s'achètent, et la plupart sont attribuées au plus offrant. Jusqu'en 1904, les emplois civils ont été donnés aux candidats figurant sur les listes d'aptitude. Le titre de bachelier, licencié, docteur, ouvrait le droit de prétendre à une situation dont l'importance correspondait au grade. Quoique ce système soit maintenant modifié, il est utile de l'examiner, parce qu'il a formé les plus hauts personnages actuellement au pouvoir. En suivant la progression des études depuis l'enfance jusqu'à la vieillesse (il n'était pas rare de voir des vieillards s'obstiner à passer des examens), la caractéristique de la mentalité se dégage. Dès le début, notre école fait appel à l'intelligence de l'enfant. L'école chinoise ne s'adresse qu'à sa mémoire. Sous les yeux de l'élève sont mis des caractères formant trois mots. A haute voix et dans un rythme fixe, il répète les sons qu'ils représentent sans s'occuper de leur signification. Lorsqu'ils sont gravés dans son cerveau, l'enfant les récite et le professeur le fait passer aux trois mots suivans. Au bout de trois,

quatre ou cinq ans, suivant son intelligence, il sait
par cœur un livre écrit en chinois officiel, très
châtié, commençant par l'affirmation, chère à nos
humanitaires : A sa naissance, l'homme est naturellement bon ; et continuant par des exemples
d'écoliers arrivés par leur travail aux plus hautes
fonctions de l'État. La classe chinoise offre donc
le spectacle cacophonique de trente ou quarante
élèves de différens âges, criant simultanément à
tue-tête leur leçon particulière. Quand le livre est
su, alors seulement la signification des caractères
est enseignée. La langue officielle diffère de la
plupart des idiomes parlés dans les provinces.
L'écolier a donc appris une langue nouvelle ; la
langue des intellectuels. L'étude se fait sans arrêt,
sans vacances. Quelques jours de fête seulement.
Rien ne varie sa monotonie. Le ressort de l'enfant
est brisé. Sa turbulence naturelle a disparu. Il
devient lent dans ses allures, grave dans ses atti-
tudes, il veut ressembler aux grands lettrés donnés
comme exemple. Dans la seconde partie des études,
l'élève est exercé à traduire en langage courant le
style officiel si remarquablement abstrus. Il
apprend la construction des phrases, où chaque
mot doit avoir une place permettant d'obtenir un
rythme musical ; puis l'art de rédiger une lettre,

dans une forme littéraire, art compliqué demandant des études prolongées. Il aborde ensuite la collection des auteurs anciens et se prépare ainsi aux examens pour les services civils. Il doit alors connaître la totalité des classiques avec leurs commentaires. Ce travail exige des années. Dans cette instruction, aucune part n'est faite à la géographie, à l'arithmétique, à une branche quelconque des connaissances scientifiques. Un remarquable développement de la mémoire et des facultés d'imitation en résulte. Avec ce système, l'individualité s'efface pour faire place à une sorte de machine à littérature puisant dans le passé des formes stéréotypées. Le candidat aux services civils passe un examen préliminaire dans une des villes de son district. Sur 1 500 ou 2 000 candidats, une vingtaine recevront le diplôme du premier degré. Nous avons l'habitude de les désigner par le nom de bacheliers. Aucune carrière ne leur est ouverte. Ils figurent seulement sur une liste donnant droit au bouton doré ; le concours à l'examen triennal du second degré leur est ouvert. Les punitions corporelles ne peuvent plus leur être infligées. Cet examen porte également sur la littérature, comprend les quatre livres de Confucius, ses opinions rapportées par ses disciples et les cinq classiques.

Les admis sont peu nombreux. Un bouton spécial témoigne du nouveau rang. Le lauréat peut maintenant devenir fonctionnaire. Il sera peut-être envoyé comme magistrat dans un district. Il est tsung-tsz, nous traduisons : licencié. De nouveaux examens lui permettront d'entrer au collège de Han-lin, à Péking, dont les membres classés poètes et historiens de l'Empire peuvent être envoyés en mission comme examinateurs. Ce sont les docteurs et le premier de leur liste après deux examens spéciaux passés au palais de l'Empereur et, dit-on, en sa présence, est qualifié de Lauréat. Ce doit être un titre difficile à acquérir si l'on songe que le livre intitulé les « Vingt-quatre Histoires » comprend 3 264 volumes écrits par vingt-quatre auteurs différens. Tous ces examens provoquent dans les villes une excitation de même ordre que celle des courses de chevaux dans les pays anglo-saxons. Des paris à proportion sont faits sur les candidats dont les chances sont cotées, sans oublier le coefficient de corruption qui doit entrer dans tous les calculs de probabilité.

Depuis des siècles, ce système a pourvu la Chine de son personnel administratif et assuré son unité, mais il n'a pas développé les facultés actives, et le fonctionnaire chinois est l'adversaire de ce qui pourrait troubler un repos lucratif si péniblement acquis. Les diplomates occidentaux reconnaissent aux Chinois de l'intelligence, de la finesse, mais sans volonté fixe. Leur dialectique est remarquable, ils tirent un excellent parti des situations mal définies et savent les provoquer.

Aujourd'hui, sous l'impulsion éclairée du prince régent Choun, le gouvernement s'efforce de changer l'éducation de la Chine. Il veut la mettre en état de s'assimiler les sciences. Les hommes d'État prouvent ainsi la largeur de leurs vues. N'ont-ils pas à lutter contre leur éducation ? Ne doivent-ils pas abandonner les doctrines de leur jeunesse considérées naguère comme intangibles ? La tâche est pour eux d'autant plus difficile qu'ils ne connaissent ni la valeur, ni l'usage des principes scientifiques, ni la manière dont il faut les étudier. Ils n'ont même pas la certitude de trouver des conseillers européens désintéressés. La plupart n'obéissent qu'au désir de favoriser l'industrie ou le commerce de leurs nationaux. Compter sur le dévouement des fonctionnaires serait une erreur. Ceux-ci voient dans l'introduction des méthodes européennes la suppression des coutumes séculaires et peu honnêtes dont ils vivent. L'exemple des douanes impériales les effraie. Sir Robert

Hart, sinologue des plus distingués, les a organisées d'une manière remarquable. Il en était le chef depuis 1863. Son grand âge vient de l'amener à remettre ses fonctions à un autre Anglais, M. Aglen, entré dans le service en 1888 et son dévoué collaborateur. Environ 1 200 Européens, de toutes les nations, assurent le fonctionnement des douanes, de la poste et des phares, avec 10 à 11 000 Chinois triés sur le volet. Les recettes versées directement dans les caisses impériales ne peuvent pas être dilapidées. Cette leçon d'honnêteté donnée aux fonctionnaires les inquiète. L'administration serait-elle forcée de renoncer à la prévarication ? On chercherait en vain depuis deux mille ans une révolution aussi grave. La prévarication telle qu'elle existe en Chine est en effet un système financier. L'équilibre est établi par l'action de deux ressorts antagonistes : le dol et la révolte. Lorsqu'une région, une province, une troupe, ne peut plus vivre par suite des exactions des mandarins, elle se révolte. L'autorité supérieure sait par expérience ce qu'il est possible d'exiger. Si la moyenne est dépassée, la contribution n'est pas levée, la troupe est payée, le mandarin réprimandé perd quelquefois sa place. Les compétiteurs sont nombreux et toute nomination nouvelle amène un nouveau pot-de-vin. Si la sédition n'a pas d'excuse, la répression est tentée. Lorsqu'elle ne peut pas se faire, le gouvernement révoque le fonctionnaire responsable (il sera replacé ailleurs) et il envoie un commissaire impérial aux révoltés. Ce commissaire déclare qu'après enquête, l'Empereur a reconnu leur bon droit, leurs demandes vont être accordées. Gagner du temps est la base de cette politique. Tout mandarin, quel que soit son rang, serre ses administrés, de manière à satisfaire les exigences de son chef, tout en gardant pour lui le plus possible. Lorsqu'un impôt parvient dans les caisses impériales, les onze douzièmes sont restés dans les mains des intermédiaires hiérarchiques. Un des chefs du parti réformiste, Yan-Waï, parlant des pertes énormes de revenu supportées par la Couronne, citait son district de Nam-hoï comme versant annuellement 6 millions sur lesquels 500 000 francs seulement entraient dans le Trésor. Ce système administratif, ruineux pour l'État, fait vivre l'élite des lettrés et les mène à la fortune en même temps qu'aux honneurs. Peuvent-ils volontiers s'employer à le détruire? Le célèbre vice-roi du Tchili, Li-hung-Chang, avait donné des preuves de ses hautes capacités financières et politiques en amassant une des plus grandes fortunes connues sans avoir provoqué de révolte. Les taxes, les douanes intérieures (Likin) ne sont pas les seuls impôts sur lesquels les fonctionnaires prévariquent. Tous les emplois s'achètent et les cadeaux sont proportionnés à l'importance des situations. S'il n'a pas de fortune, le mandarin doit rembourser, avec bénéfice, le groupe qui a fait l'avance des fonds nécessaires pour sa nomination.

La justice se vend. Sous un prétexte parfois inventé, un homme ayant quelque argent peut se trouver accusé et mis en prison. Il n'en sortira que si sa famille, ou son clan, verse la somme exigée. Les associations de notables, les corporations, les sociétés secrètes se sont organisées pour intervenir et mettre un frein à ces abus. Elles n'y réussissent qu'en partie. Cependant, grâce à elles, dans le monde des travailleurs, la solidarité s'est très développée. Il suffit d'un ordre lancé, pour qu'une famille, un magasin, une industrie, un pays étranger même, soit boycotté soudain. Le Chinois emploie volontiers le boycottage, il le préfère à la grève. Dans celle-ci, l'ouvrier souffre d'autant plus que la durée se prolonge. Le boycottage produit l'inverse. Le patron, l'industriel ou l'usine ne peut écouler aucun produit, ni acheter.

On ne veut rien lui vendre. Sa situation empire de jour en jour. Les sociétés secrètes jouent un rôle important, quelquefois régulateur, plus souvent politique. Telle la célèbre société la Triad, tête de la rébellion des Taï-Ping. Elles s'étendent aux groupemens établis à l'étranger. Quelques-unes sont des institutions de secours mutuel, comme le Tsaï-li, société de tempérance ; quelques-unes sont des sociétés de bandits partageant parfois leurs bénéfices avec la police. Les massacres des missionnaires à Ku-Cheng, en 1895, furent attribués à la société des végétariens. L'insurrection des Boxers, soulevée au cri de : « Protège la Chine et tue l'étranger ! » tirait son origine d'une société analogue à la Triad. Dans la plupart des rébellions, leur action se découvre. Elles sont l'âme des révoltes causées par les exactions. Le gouvernement sait à quoi s'en tenir puisque ses membres ont été fonctionnaires. Mais pour supprimer les détournemens, toute l'organisation devrait être changée. Les mandarins ont des émolumens ridiculement faibles. Il leur est matériellement impossible de vivre sans malversations et pots-de-vin. Un vice-roi reçoit 2 500 francs de traitement et des frais de service variant de 22 500 francs à 30 000 francs. Avec cette somme il doit pourvoir à toutes les dépenses de son palais, payer et nourrir le personnel de ses bureaux, ses gardes du corps, soutenir le train de maison imposé par sa situation, envoyer un tribut annuel à différens personnages influens de la capitale ; souvent une nombreuse famille est à sa charge. En fait, ses dépenses varient de 300 à 350 000 francs par an. Le même rapport existe entre les émolumens des autres fonctionnaires et leurs dépenses obligées, depuis le plus grand jusqu'au plus petit. Augmenter les traitemens et diminuer le nombre des mandarins semble au premier abord une solution. En l'état actuel, personne ne la croit possible. Le gouffre dans lequel les contributions s'engloutissent ne peut pas se combler ainsi. Il faudrait d'abord créer un personnel honnête, c'est la plus grande difficulté. Si les lois étaient appliquées par des magistrats intègres, aucune malversation ne serait possible. En Chine, la morale, les lois, les règlemens sont parfaits. Dans la pratique, tout est au plus mal.

Cependant le gouvernement s'est mis à l'œuvre. Il n'a pas craint de se faire des ennemis dans le camp des vieux lettrés en expectative d'emploi. Il a compris que, pour renouveler le vieil empire, il fallait agir par les écoles. Déjà, à la suite de la campagne du Tonkin en 1884, quelques organisations militaires et médicales avaient été tentées, mais bientôt négligées. La guerre avec le Japon en 1895 fit sur le gouvernement une impression plus forte que ne l'avaient faite toutes les précédentes et le décida à commencer les réformes. L'Université de Peï-Yang à Tien-tsin, le collège de Nan-Yang à Shang-haï et plusieurs autres écoles furent fondés. Les directeurs de l'enseignement dans les provinces reçurent l'ordre d'admettre au concours du premier degré les candidats se présentant pour un examen de mathématique. Les lauréats devaient être envoyés à Pékin, pour subir un examen spécial et concourir ensuite pour le troisième degré. L'enseignement des mathématiques était rendu obligatoire dans tous les collèges provinciaux. Faute de professeurs, c'était là lettre morte. Le commencement du xxᵉ siècle trouva le vieux système inaltéré, mais les graves événemens de 1900 ont décidé l'orientation nouvelle. L'insurrection des Boxers, l'attaque des Légations avaient amené les puissances occidentales à maintenir dans Péking et à Tien-tsin des garnisons permanentes. L'orgueil chinois en était profondément blessé. Dès lors, un grand nombre de hauts fonctionnaires furent convaincus de la nécessité de changer le système d'éducation. Les deux vice-rois, Tchang-tche-tong et Yuen-che-Kaï, prirent la tête du mouvement. En 1901, parut l'ordre d'établir dans tous les chefs-lieux de province des écoles supérieures, avec programmes d'études scientifiques, des écoles moyennes dans les préfectures, élémentaires dans les sous-préfectures et primaires dans les villages. En 1902, l'Université impériale de Péking est créée. En avril 1903, le gouvernement annonce l'abolition, dans dix ans, de l'ancien système d'examens, enfin, en juillet 1905, paraît l'édit impérial supprimant cette limite de dix ans. Tout l'antique appareil est détruit et remplacé par des dispositions nouvelles. Cette date est à retenir. Elle marque l'origine d'une évolution dans laquelle un tiers de la race humaine change d'un seul coup et radicalement toute son organisation sociale. L'édit se traduit ainsi : « Nous avons reçu un mémoire du vice-roi Yuen établissant que, si le système d'examens n'était pas changé, le peuple hésiterait à suivre les nouvelles écoles comme inutiles. Que les anciennes compositions d'examens cessent donc à partir de l'année 1906, tant à la capitale que dans les provinces ! Les gradués des anciens examens ne seront pas disqualifiés pour les emplois. Les écoles modernes sont, sous beaucoup de rapports, modelées sur les règlemens des anciennes institutions et les classiques y sont encore pris comme fondemens auxquels on a ajouté diverses branches de sciences à cause de leur utilité pratique. Après la publication de cet édit, que le ministre de l'éducation envoie, à toutes les provinces, les livres composés pour servir de guide dans la moderne éducation et rende les gouverneurs et vice-rois responsables du prompt établissement des écoles primaires, qu'on voie bien si des maîtres compétens ont été engagés pour l'instruction du peuple et l'accroissement de l'instruction, qu'aucune négligence ne soit tolérée en ces matières ! »

D'après ces prescriptions les écoles du gouvernement ont été constituées, du moins sur le papier, de la manière suivante : les écoles primaires ont été établies dans les villages ; comme par le passé, les enfans apprennent la lecture, l'écriture avec des élémens d'arithmétique et de géographie. Les écoles élémentaires fonctionnent dans les districts : on y donne une teinture de toutes les sciences au lieu de se borner à des cours préparatoires. C'est le commencement de l'à peu près. Les écoles moyennes sont établies dans les préfectures et les sous-préfectures indépendantes. L'étude de l'anglais est commencée, car l'anglais doit servir à l'enseignement scientifique de la nation. Les mathématiques, la géographie et l'histoire font partie de ce programme, ainsi que la littérature chinoise, vieux style. Les élèves sont ensuite admis, après examens, à l'école supérieure du chef-lieu de la province, où les cours portent sur l'anglais et sa littérature, la chimie, la physique, les mathématiques, la trigonométrie et le lever des plans. Les lauréats sont envoyés à l'Université de Pékin, où ils se spécialisent dans les différentes branches de la science ou de la législation. Ils sont alors pourvus de diplômes. Il existe aussi des écoles normales où les élèves qui ont pris les deux premiers grades et qui sont trop âgés pour suivre les cours des écoles modernes sont préparés à l'enseignement élémentaire. On compte ainsi trouver une carrière pour les lettrés que le nouveau système laisserait échoués. Plus tard peut-être serontelles suivies par des étudians gradués des écoles provinciales supérieures.

Le Tchili est la province la mieux organisée : les chiffres qui suivent sont donc des maxima. Dans certaines parties de la Chine, il faudrait les réduire de moitié.

Écoles primaires. .	3 000 avec une moyenne de 30 élèves	90 000
Écoles élémentaires.	200 avec une moyenne de 50 élèves.	10 000
École provinciale supérieure et 18 écoles moyennes..		1 200
Université de Tien-tsin..		200
École normale de Pao-tin-fou..		400
14 écoles de préfectures.		1 200
	Total.	103 000

A ce nombre il faut ajouter 1 500 ou 1 600 élèves des écoles militaires ou de police et 400 ou 500 pour les écoles d'agriculture, d'industrie ou de travaux manuels. En admettant que les dix-huit provinces soient aussi bien pourvues, treize enfans ou jeunes gens des deux sexes, sur 40 000, recevraient de l'instruction, soit 0,03 pour 100. Pour assurer le fonctionnement de ces écoles, il fallait des professeurs, et, quand l'édit de 1905 parut, il n'y en avait pas. Le gouvernement avait démoli l'ancien édifice avant d'avoir mis à pied d'œuvre les matériaux nécessaires pour construire le nouveau. Les professeurs étrangers auxquels il avait recours ne pouvaient pas, sauf de très rares exceptions, professer en chinois, il fallait donc que les élèves fussent en état de suivre les cours en anglais. Pour résoudre cette difficulté, il fut décidé que les jeunes gens destinés à devenir les lumières du « Savoir nouveau » seraient envoyés à l'étranger avec des bourses d'études, pour des périodes de six à sept ans. Déjà le vice-roi Yuen-chi-Kaï avait, en 1903, envoyé au Japon 591 élèves. Ce chiffre fut porté à 2 046 en 1904 et à 8 620 en 1906. Il s'était élevé à 13 000, il y a quelque temps. Sur la requête du ministre de Chine à Tokyo, signalant la mauvaise conduite d'un grand nombre d'entre eux, venus pour s'amuser aux frais du gouvernement, il a été réduit à 4 000. Environ 20 000 jeunes Chinois sont actuellement dispersés dans toutes les nations occidentales, le plus grand nombre aux États-Unis. Depuis longtemps, le gouvernement de Washington avait compris que le pays qui aurait en Chine le plus d'influence serait celui qui aurait mis la main sur son éducation. En 1890, l'église épiscopale de New-York avait fondé à Tien-tsin un collège, qui se transforma bientôt en Université. Elle fut longtemps dirigée par une personnalité puissante, le docteur Tenney. Les résultats obtenus amenèrent le vice-roi Yuen-che-Kaï, à s'adresser à lui pour fixer les programmes scolaires et les conditions d'examen de l'instruction officielle. Le Conseil impérial d'éducation les a adoptés. L'enseignement américain est en faveur ; aussi en 1906 le docteur Tenney demandait au gouvernement d'accorder à toutes les grandes écoles la faculté de faire concourir leurs élèves aux examens publics, tels que la collation des grades, emplois civils et autres privilèges conférés aux gradués et étudians des écoles de l'État. Il sollicitait aussi la faveur d'envoyer les lauréats à Pékin pour terminer leurs études. « Ainsi, ajoutait-il, un corps de professeurs serait créé sur place, ce qui vaudrait mieux que d'envoyer des étudians à l'étranger. » La France, l'Angleterre et l'Allemagne ont également des grandes écoles décorées du nom d'Universités, celle de l'Allemagne, à Kiau-Chau, a obtenu de délivrer des diplômes ouvrant pour les emplois les mêmes droits que ceux du gouvernement.

L'École de médecine anglaise, le collège de l'Union médicale, l'Université française « l'Aurore, » dirigée par les Jésuites à Shang-haï (l'enseignement y est donné en français) peuvent ainsi former un certain nombre de professeurs. Il faut ajouter 21 écoles, subventionnées par des institutions de bienfaisance anglaises ou américaines, dispersées dans les différentes provinces de l'Empire. Elles aident aussi à former des professeurs, mais le nombre en est faible en regard des besoins. La Chine compte sur les jeunes gens envoyés à l'étranger. Elle y compte à tort. Les Chinois, revenus des Universités ou collèges de l'Occident, parlent bien la langue des pays où ils ont étudié, mais ils sont incapables d'enseigner à leurs compatriotes ce qu'ils ont appris. Ceci est pour eux d'autant plus impossible que la langue scientifique n'existe pas en chinois. Pour l'écrire, il faudrait inventer de nouveaux caractères. L'enseignement doit donc être donné en anglais et les Chinois ne savent pas encore l'anglais. Les Japonais ont dû l'apprendre avant d'assimiler nos sciences. D'ailleurs, la plupart de ces étudians reviennent avec la conviction d'une supériorité qui doit leur ouvrir l'accès des plus hautes positions. Le professorat est par cela même dédaigné et accepté seulement comme pis aller. Presque toutes les puissances veulent faire de la Chine le bon client qui absorbera leur marchandise sans trop vérifier sa qualité. Les effets de leur concurrence effrénée se font sentir jusque sur les étudians. La Chine devait aux États-Unis 20 millions de dollars comme indemnité des pertes causées par les événemens de 1900. Le gouvernement de Washington a renoncé à les exiger, sous la condition qu'une partie de cette somme serait consacrée à l'enseignement et que l'autre servirait à donner des bourses aux jeunes gens qui viendraient faire leur éducation aux États-Unis. Maintenant ceux-ci abondent dans les Universités américaines, qui, par flatterie, reconnaissent les diplômes de l'Université de Pékin comme égaux aux leurs. Les jeunes Chinois reviennent dans leur pays avec tous les diplômes qu'ils désirent. D'après les journaux des États-Unis, aux derniers examens de telle ou telle Université, les Chinois se sont montrés très supérieurs aux meilleurs élèves. L'engouement se comprend et les commandes affluent. Mais si la Chine ne trouve pas ainsi des professeurs, elle a en revanche organisé un personnel révolutionnaire dont l'action ne tardera pas à se faire sentir. Le Chinois qui revient de l'étranger ne supporte plus ni avis, ni contrôle, ni intervention. La discipline de la philosophie confucienne a disparu pour faire place à des idées anarchiques. L'ancien état mental n'est plus et, dit un rapport chinois : « Ils sont entraînés par les idées nouvelles à des vues extravagantes et extrêmes à leur détriment et à celui de leur patrie. Le mal est grand, vu leur influence, attendu qu'ils appartiennent aux plus hautes classes et à toutes les régions de la Chine. » Dans les provinces, les étudians deviennent turbulens et dangereux. Ils parlent maintenant de leurs droits et de leurs privilèges. Les mandarins affichent vis à-vis d'eux une bienveillance douteuse, cause partielle de leur provocante attitude et de leurs désordres. La froideur croissante du peuple à l'égard des étrangers doit leur être attribuée. Les incendies des missions, des douanes, des postes à Shang-Sha, capitale du Hou-nan, le 14 avril dernier, les désordres de Hankow, quelques jours avant, sont de leur fait. C'est parmi les étudians revenus du Japon que se recrutent les plus ardens révolutionnaires. Un journal chinois parle de l'arrestation à Nankin d'un de ces étudians.

Il avoue être venu pour s'informer de l'état de l'armée du nouveau vice-roi et des moyens dont la police dispose. Dans les contrées riveraines du Yang-tze-Kiang, près de 15 000 hommes du peuple ainsi que de nombreux notables et fonctionnaires formeraient l'armée révolutionnaire. D'après le rapport du gouverneur du Hou-nan, un autre étudiant qui a aussi vécu au Japon, a été arrêté et décapité. Au moment de mourir, il a déclaré que 50 étudians sont arrivés en Chine, envoyés spécialement du Japon par Chen-Oueng, chef révolutionnaire, avec mission d'exciter le peuple à la révolte et de l'engager à entrer dans leur société secrète. Il se forme une caste nouvelle, celle des mauvais étudians : elle se recrute parmi les nombreux candidats qui n'ont pu forcer l'accès des écoles supérieures, souvent faute d'argent, et qui, malheureux et mécontens, sont prêts à tous les méfaits. La police les surveille, c'est entre elle et eux une guerre déclarée. D'autre part, la masse des lettrés a été entraînée dans les réformes d'éducation malgré sa volonté. Les mandarins n'ont aucune sympathie pour le nouveau mouvement, nous avons vu pourquoi. Ils n'osent s'y opposer ouvertement, mais ils considèrent l'enseignement moderne comme niais et futile; ils suscitent tous les obstacles qu'ils peuvent trouver sans se compromettre. Certains se sont fait inscrire dans les ligues de la nouvelle éducation pour la trahir. Il faut rappeler que, pendant des siècles, l'opinion publique et politique ont été contrôlées par les lettrés non fonctionnaires. De leurs rangs sont sortis tous les mandarins qui surveillent la politique nationale. Or, dans le ministère d'éducation, tous les fonctionnaires proviennent de la vieille école et leur instruction moderne est à peu près nulle. Ils sont hostiles aux nouveautés. Des

Chinois gradués dans les écoles modernes de Chine, ou dans les Universités étrangères, sont candidats perpétuels. Un petit nombre seulement est appelé à un emploi. Les conséquences de cet antagonisme sont visibles. Déjà paraissent des brochures et des journaux anarchiques. Ils s'appuient sur les principes de l'éducation nouvelle et le gouvernement, ne sachant plus que faire, prend des mesures contradictoires. Dans son ignorance des conséquences fatales, il a crevé les outres d'Éole, et son agitation brouillonne accélère l'arrivée de la tempête. Alors, comme tous les gouvernemens en détresse, il tourne ses regards du côté de l'armée. Il veut l'avoir en main et la tire tout à coup de sa situation méprisée, pour la placer sur le même rang que les services de l'État les plus honorés et les plus recherchés.

Il y a peu d'années, le Chinois voyant passer des troupes les regardait avec indifférence, sinon avec dédain. Aujourd'hui, il s'y intéresse. Il voit en elles l'organisme qui doit le délivrer de la pression de l'étranger, dans lequel les classes dirigeantes lui montrent un adversaire, sinon un ennemi. A défaut de patriotisme, « La Chine aux Chinois ! » est pour le peuple un mot d'ordre facile à comprendre, et le gouvernement s'efforce de donner ainsi à l'armée un idéal assurant son unité mentale. En même temps il ne néglige rien pour augmenter le prestige dont elle a besoin pour devenir la force à ses ordres, sur laquelle il pourra compter. Les jeunes princes de la famille impériale sont inscrits dans les régimens. Les vice-rois, les gouverneurs, les personnages les plus marquans de l'Empire sont invités à faire entrer leurs enfans dans les écoles militaires.

L'uniforme est en honneur. Un édit impérial a fixé les assimilations des grades civils et militaires. Le lieutenant a rang de sous-préfet et le maréchal celui de vice-roi. Un conseil de la défense nationale, composé des plus hauts chefs de l'armée et de la marine, vient d'être créé. Ses membres peuvent assister aux séances du grand conseil de l'Empire et devront y paraître en tenue. Le prince régent, Tsaï-Chun, a mis à la tête de l'armée son frère le prince Tsaï-Tao, comme chef d'État-major général et commandant de la Garde. Son second frère, le prince Sioun (Tsaï-Hsun), est grand maître de la marine. On se rappelle que le prince régent fut forcé d'aller à Berlin présenter les excuses du gouvernement chinois à l'empereur Guillaume, pour l'assassinat du ministre d'Allemagne, le baron de Ketteler, le 10 juin 1900.

Dans cette pénible mission, il fut accompagné par le général Yin-Chang, récemment nommé ministre de la Guerre. Le 16 juillet 1909, un édit rendait l'État-major général indépendant du ministre de la Guerre qui, dès lors, n'est plus qu'un agent d'exécution. L'État-major fait les nominations de généraux et d'officiers supérieurs. Malgré leurs réclamations, car une source importante de profits disparaît ainsi, les vice-rois et gouverneurs ne peuvent plus nommer que les officiers subalternes. Tout récemment encore, chaque province avait son armée particulière ne relevant que de la plus haute autorité civile. La nouvelle organisation les fond toutes en une seule armée nationale sous les ordres du prince Tao. L'ancienne armée comprenait : les huit bannières mandchoues; l'armée chinoise de l'Étendard vert; les milices, mongoles et tibétaines; les milices rurales; les gardes particulières des mandarins. Toutes ces formations ont maintenant disparu et sont remplacées par : 1° l'armée de terre destinée aux opérations; 2° l'armée de police; 3° les troupes auxiliaires de police; 4° la Garde impériale; 5° la gendarmerie. En raison de l'étendue de l'Empire, les troupes recrutées dans les provinces y tiennent garnison. Ce sera un grave danger en cas de rébellion. L'action administrative du ministre de la Guerre, sur les provinces, s'exerce par l'intermédiaire des directions militaires provinciales sous les ordres des vice-rois ou gouverneurs. Ceux-ci délèguent leurs pouvoirs à des mandarins civils incompétens. Les dépenses de l'armée s'élèvent en ce moment à 210 ou 220 millions de francs. Lorsque les 37 divisions de l'armée nouvelle seront formées, en 1913 dit-on, les dépenses atteindront au moins 330 millions. La réorganisation problématique des finances de l'Empire permettra-t-elle de les trouver? En attendant, chaque province doit pourvoir, par ses propres moyens, à la formation et à l'entretien des troupes tant anciennes que nouvelles, aux dépenses de l'armée de police et des troupes auxiliaires de police. Il est douteux que les vice-rois et gouverneurs puissent réunir les sommes nécessaires à l'achat du matériel des nouvelles formations et à l'entretien des troupes actuelles sans pressurer les populations au delà de ce qu'elles voudront supporter. L'insurrection de 60 000 habitans de Weï-nan, à cinq jours de marche de Cheng-fou, province de Cheng-tong, signalée dans le *Straits Times* du 12 février 1910, a été causée par une tentative d'augmentation des taxes...

Les provinces doivent en outre envoyer, par l'intermédiaire du ministre des Finances, les sommes destinées au ministère de la Guerre pour les dépenses de l'administration centrale des écoles, des arsenaux dépendant de Pékin, des quatre divisions de l'armée de la capitale... etc. Le gouvernement engage partout des dépenses sans s'être assuré des moyens d'y pourvoir.

L'armée se recrute encore par engagemens volontaires. Le ministre de la Guerre a fait décider que le service militaire serait dorénavant obligatoire. Pour établir les listes de recrutement, il faut d'abord faire le recensement dans les provinces. Le mener à bien sous peu paraît difficile. Les troupes formées à l'européenne comprennent actuellement : 246 bataillons, en admettant comme reconstitués les bataillons mutinés à Canton et licenciés, 53 escadrons, 87 batteries de montagne, 43 batteries de campagne à 6 pièces, 15 bataillons 1/4 du génie, 13 bataillons 1/2 du train, une compagnie de mitrailleuses au Yunnan et 74 mitrailleuses non affectées. Si les unités étaient tenues à leur effectif réglementaire, leur total donnerait 9 696 officiers ou assimilés dont 5 417 combattans et 189 385 hommes de troupe et coolies, dont 165 000 combattans. Mais ces effectifs sont loin d'être atteints. Les passe-volans sont en Chine une institution. La solde est touchée pour l'effectif réglementaire, dont la moitié ou le tiers seulement existe. Quelquefois même, ce dernier tiers n'est pas payé et, ne touchant pas de vivres, se révolte. La mutinerie du 18 avril à Tsing-Kiang-fou, à la suite de laquelle le général commandant les forces du Kiang-hé a été relevé de ses fonctions, n'a pas d'autre cause. Ce système des passe-volans est civil autant que militaire et ne doit pas être perdu de vue dans les affaires avec la Chine. Il existe cependant des mandarins honnêtes, mais ils sont rares et vivent dans la misère. Ils sont peu considérés parce qu'ils violent les coutumes. Les troupes sont formées en divisions de 4 régimens à 3 bataillons, 3 escadrons, 54 pièces, un bataillon du génie et un bataillon du train. Les services n'existent qu'à l'état embryonnaire, quand ils existent ! Ce sont : une compagnie d'infirmiers ou brancardiers, six hôpitaux de campagne, un équipage de pont, quatre sections de munitions d'infanterie, trois sections de munitions d'artillerie, quatre jours de vivres, un dépôt de remonte mobile, un détachement de télégraphistes. Actuellement, sur les 37 divisions futures, 12 seulement sont formées ainsi que 15 brigades mixtes, savoir :

Armée de Pékin, 3 et la Garde; Tchili, 2; Mandchourie, 2 avec 2 brigades mixtes; Shantoun, 1; Kiang sou, 2 brigades mixtes; Houpé, 1 avec 1 brigade mixte; Kiang-Si, 1; Fokien, 1; Kwangtoung, 1; Yunnan, 1; Kansou, 1. La Garde Impériale forme une unité à part de six bataillons. Au moment de la mobilisation, chaque division active forme une division de réserve, une brigade de réserve et trois bataillons de dépôt à quatre compagnies. Le recrutement se faisant par engagemens volontaires, il est difficile d'admettre la possibilité de ces formations. Les projets du gouvernement sont vastes, tout est facile sur le papier. Avant octobre 1912, la Chine doit avoir, dans ses 37 divisions actives. 27713 officiers ou assimilés, dont 13357 combattans, 475268 hommes de troupe et coolies, dont 377798 combattans et 82251 chevaux ou mulets. Pour 1920, ses projets sont plus vastes encore. Elle aurait un million 185000 combattans. En attendant la réalisation de ce programme, nous pouvons estimer à 200000 au plus le nombre des soldats exercés qu'elle pourrait mettre en ligne. Comment ces troupes seraient-elles pourvues, il est difficile de s'en rendre compte. Il n'est pas permis de visiter les magasins, probablement parce qu'ils sont vides.

Les magasins chinois ont cette propriété particulière de se vider sans qu'il soit fait de distributions. Il faut de nouveaux marchés pour les remplir derechef, d'où source nouvelle de profits pour les autorités locales.

Le soldat, quoique dressé à l'allemande, est médiocrement discipliné; il raisonne et discute. Les autorités supérieures n'ont en lui qu'une confiance limitée, si bien que, lors des troubles du Hu-nan, le 13 avril dernier, le gouverneur n'a pas osé faire appel à la 25ᵉ brigade mixte à Tshang-sha, pour réprimer l'émeute. Les sociétés secrètes exercent sur le soldat une action qui échappe aux chefs à moins qu'eux-mêmes n'en fassent partie. On en voit le danger. Les sous-officiers se recrutent dans les corps de troupe; soldats choisis, envoyés dans des écoles provinciales où ils passent un an. Ils sont nommés sous-officiers après examen et retournent à leurs corps. Ces écoles seront supprimées quand les cadres seront constitués. Les unités devront alors pourvoir elles-mêmes aux besoins.

La valeur militaire des sous-officiers est faible. Ils n'ont aucune initiative et ne peuvent servir qu'à des exercices à rangs serrés. Le système de la communauté d'origine des officiers a été adopté.

Il existe une école préparatoire par province, qui enverra ses élèves dans une des quatre écoles moyennes de Pékin, Nankin, Outchang et Sin-gan-fou. L'École impériale d'officiers est à Pékin et reçoit tous les élèves de l'école moyenne. En attendant que celle-ci puisse donner des officiers, des écoles dites d'instruction accélérée ont été formées dans les provinces et, pour assurer l'uniformité de l'instruction, les jeunes gens sont ensuite envoyés à Pao-ting-fou, école impériale d'instruction rapide. Les officiers de la nouvelle armée ont fort bonne apparence. Leur grande courtoisie, les formes rituelles de leur politesse à l'égard de leurs supérieurs, donnent une impression de grande discipline. Toute l'instruction comme conducteurs d'hommes est à faire. La passivité du caractère de la race domine. Leur loyalisme n'est pas sûr. Le *China Times* de Pékin du 18 avril 1910 contient cette information caractéristique : « Les examens des étudians militaires qui ont fait leurs études à l'étranger ont été ajournés par crainte que des révolutionnaires ne se trouvent parmi eux. » Il faut ajouter que les officiers de l'ancienne armée, éliminés peu à peu, grossissent les rangs des mécontens. Beaucoup de grands chefs, mandarins civils déguisés en militaires, n'ont aucune idée des obligations de leur état ni de leurs fonctions. Les règlemens allemands sont exactement suivis. Les Chinois, émerveillés par le pas de parade, lui attribuent volontiers les succès de 1870. Ils ne peuvent pas saisir la différence entre une instruction mécanique conservée en Allemagne par tradition, tendant à faire du soldat une machine, et l'instruction de combat, où toutes les qualités d'intelligence, d'initiative et de souplesse doivent être développées. Les facultés d'imitation de leur race sont appliquées aux exercices en rangs serrés qu'ils considèrent comme de l'art militaire. Il faut leur rendre justice, ils les exécutent fort bien. Les troupes sont baraquées dans des camps situés à quelque distance des villes. Les tirs sont rares, parce que l'argent manque pour payer des cartouches. Pour cette raison, certains corps ne tirent jamais.

L'engouement pour les méthodes allemandes s'est surtout développé depuis 1895. A cette date, une mission comprenant 12 officiers et 24 sous-officiers avait été envoyée au Tchili. Elle dut se rendre à Nankin où ces instructeurs organisèrent une école appelée Tso-Kiang-Kiun, c'est-à-dire « armée du progrès par soi-même. » Elle fonctionnait sous la protection nécessaire du vice-roi Tchang-tche-toung, car les populations étaient hostiles. On le vit le 17 mars 1896. Le major, **deux** lieutenans furent attaqués à coups de pierre et un sous-officier fut blessé. Néanmoins, une première troupe de 300 hommes formée à Ou-tchang servit de noyau à la garde du vice-roi. Elle compte actuellement 8000 hommes. Les deux autres divisions du Houpé, Itchang et Iang-Yang, reçurent un ou deux bataillons de troupes instruites. Tchang-tche-tung fut remplacé par le vice-roi Liéou-koen-i, hostile à l'instruction directe des troupes par des Allemands. Toutefois il voulut les utiliser pour dresser ses officiers. Il installa près de Nankin l'école militaire de Louche-Kiao-tang, où trois officiers allemands arrivèrent en février 1897. Cette école donna de très bons résultats et servit de type à plusieurs autres, comme celle de Nankin, créée peu de temps après. En 1898, un officier supérieur japonais organisait une autre école à Ou-tchang. Les Chinois ne lui furent pas favorables. Bientôt, des officiers allèrent au Japon. Au 1er avril 1908, 214 suivaient des cours, 44 étaient à l'École préparatoire à l'École de guerre et 25 à l'École de guerre. Aujourd'hui, les Chinois veulent se passer d'instructeurs étrangers; toutefois, à la date du 1er janvier, il reste encore quelques Allemands, et un certain nombre de Japonais. A côté de l'armée active, l'armée de police, Siun-djin-kiun, est chargée de maintenir l'ordre sur le territoire pendant l'absence de l'armée de campagne. Elle doit être suffisamment instruite pour pouvoir combattre aux côtés de l'armée active dont elle a l'armement et l'équipement. Elle relève du ministère de l'Intérieur et, dans chaque province, ses différentes fractions sont placées sous les ordres du tao-taï de la police, qui reçoit les instructions du gouverneur. Officiers et agens de police sont formés dans des écoles spéciales, nommées Écoles de police moderne. Depuis 1909, il existe, dans chaque chef-lieu de province, une école supérieure, dans les préfectures, une école moyenne et dans un tiers des sous-préfectures également. Au total, 300 écoles, avec 30000 élèves. L'effectif général est de 80000 officiers et agens. Cette police assure aussi la garde des chemins de fer. Des forces auxiliaires de police, nommées *Siun-fang-toue*, ont été formées pour maintenir l'ordre dans l'intérieur et assurer la sécurité des voies de communication. Depuis le 1er janvier 1910, elles comprennent 155000 hommes de la nouvelle organisation, et il reste encore 37 000 hommes de l'ancienne. La gendarmerie, sorte de prévôté destinée au service de police des armées, fonctionne dans cinq divisions. Une école de gendarmerie est à Tien-tsin, l'autre à Outchang. Le gouvernement fait également état des milices mongoles et tibétaines. L'unité mongole est la tente de 150 hommes, dont 50 cavaliers, âgés de dix-huit à soixante ans. Ils sont, comme nos goums arabes, en service permanent. Un nombre plus ou moins grand de tentes, généralement six, forme la horde. Celles-ci se groupent en confédérations appelées « Sem. » L'effectif mongol disponible paraît être de 50 000 cavaliers âgés de dix-huit à trente ans. Il est peu probable que cette cavalerie puisse être employée ailleurs que dans son pays. Son obéissance est douteuse. Quant aux milices tibétaines, en évaluant les réguliers à 6 000 et les miliciens à 10 000, on atteint un maximum. Les troupes impériales viennent de faire une expédition au Tibet, la résistance a été à peu près nulle. Les journaux chinois ont mené grand bruit sur cette campagne. Ils l'ont représentée comme un fait de guerre remarquable prouvant la force de l'armée nouvelle, et cela avec assez d'art pour que des journaux anglais comme l'*Evening Standard* et le *Telegraph* aient l'air de s'en émouvoir.

L'*Evening* s'écrie : « Y a-t-il quelque chose de plus symptomatique que les progrès faits par l'armée chinoise sous la direction d'instructeurs japonais et allemands? Cette expédition nous les révèle et nous permet d'entrevoir ce que sera l'incalculable force de la Chine, lorsqu'elle se sera assimilé la science européenne et son entraînement militaire. Cette expédition doit être notée avec soin par les historiens. C'est l'ouverture d'un chapitre nouveau, le commencement d'une époque nouvelle. » Le *Telegraph* va plus loin : « Pour la première fois, dit-il, depuis que nous avons pris le gouvernement des Indes, nous allons avoir probablement en permanence des forces chinoises campées à nos portes, et nous serons heureux si des questions relatives à la frontière Nord ne nous sont pas une cause d'anxiété, comme le fut toujours la fameuse question du Nord-Ouest. » Il est probable que ces articles ont été écrits dans les bureaux du Ouei-ou-pou (ministère des Affaires étrangères). Les Chinois savent très bien se servir de la presse étrangère, mais, si leur origine est anglaise, nos amis d'outre-Manche peuvent se rassurer. Les forces chinoises évaluées à 20 000 hommes pourvus d'une nombreuse artillerie et de tous les engins de guerre moderne, y compris bien entendu des postes de télégraphie sans fil, se réduisent à 5 000 hommes environ avec quelques batteries de montagne. Sept mois ont été nécessaires pour préparer l'expédition à Ching-tou, capitale du Sze-chuen. Les troupes se sont réunies à Ba-tang, frontière du Tibet, et, après plusieurs haltes assez prolongées, sont arrivées à Lhassa, le 17 février 1910. Le Grand Lama s'était enfui dans les Indes Anglaises à Dardjelling, au pied Sud de l'Himalaya. Les Chinois ont pris ses bagages. Dans cette marche de 1 400 kilomètres depuis Ching-tou, faite par de grands froids, les troupes ont souffert, beaucoup d'hommes ont eu les pieds gelés. Les services d'ambulance étaient insuffisans. Les pertes ne sont pas connues.

Avant la guerre avec le Japon, la Chine avait une marine importante. Les Japonais ont détruit ou pris ses vaisseaux et elle n'a pas encore pu reconstituer une escadre digne de ce nom. Ses bateaux sont placés en trois groupes :

1° Marine du Peï-Yang, dépendant du vice-roi du Tchili : 5 croiseurs protégés, 2 croiseurs non protégés dont un est employé comme transport et l'autre comme école. Un aviso-transport, 3 contre-torpilleurs, 5 canonnières, 4 torpilleurs de

130 tonnes. 2° Côtes du Ché-Kiang et du Fo-Kien : deux croiseurs non protégés, 3 avisos-transports, 1 canonnière. 3° Marine du Kwang-tung: 11 avisos et grandes canonnières anciens types, 2 nouvelles canonnières entrées en service en 1908, 2 torpilleurs moyens et 9 petits, 8 petites canonnières, 14 vedettes. Il existe aussi un grand nombre de jonques de guerre, d'anciens modèles, destinées à la police fluviale et à la répression de la contrebande. Tous ces navires sont très propres et bien tenus, mais il y a lieu de faire des réserves quant au fonctionnement des machines. « Nous avons un très joli vêtement, disait à un officier anglais un officier de la marine chinoise, mais il n'y a personne dedans. » Cette appréciation est exacte. Avec leur inexpérience, leur négligence, leur corruption, leur vénalité, les Chinois peuvent acheter de très beaux navires, ils sont incapables de les utiliser. En Europe, on ne se rend pas suffisamment compte de l'étendue de la corruption, et le public s'expose ainsi à compromettre ses capitaux. Il est admis comme axiome que, si le fonctionnaire est corrompu, le commerçant est honnête. Certes, le Chinois a depuis longtemps compris que la loyauté dans les affaires était la meilleure garantie de leur succès. Mais son honnêteté ne

dépasse pas la limite de ses intérêts. Des faillites frauduleuses, de jour en jour plus nombreuses, des fuites sensationnelles de gros compradores, sont là pour le prouver. L'adage : « Le Chinois ne veut pas perdre sa face » ne s'applique plus au temps présent. Les étrangers habitant la Chine le savent et prennent leurs dispositions en conséquence ; en général, leurs affaires sont satisfaisantes, quoique leur situation soit rendue tous les jours plus difficile par une concurrence plus âpre en Extrême-Orient qu'ailleurs. Cette concurrence procure aux Chinois des bénéfices qui disparaîtraient si leurs relations avec les étrangers diminuaient. On peut affirmer que la majorité des commerçans leur est favorable, et prendrait même leur défense, s'il était possible de le faire sans danger. Mais il est une autre catégorie d'Occidentaux sur lesquels la masse concentre son aversion. Ce sont les ingénieurs, directeurs de chemins de fer ou d'usines, les agens des grands établissemens financiers ou industriels. Ils occupent des positions ou des emplois que les Chinois estiment pouvoir tenir aussi bien qu'eux. C'est ainsi qu'en avril le gouvernement a profité du départ de sir Robert Hart, ex-directeur des Douanes impériales, pour essayer de retirer à son successeur, M. Aglen, le droit de nomination du personnel. Le revenu des douanes serait passé dans les mains de l'administration chinoise. Il eût été certainement dilapidé et les emprunts gagés sur ce revenu auraient perdu toute garantie d'intérêts. Les Anglais se sont nettement opposés à cette violation des conventions. Les Chinois tournaient habilement celles-ci en prenant sir Robert Bredon dans leur conseil, comme vérificateur de l'administration ; sous la pression anglaise, il a dû se retirer. Si le gouvernement suivait l'opinion, il n'y aurait bientôt plus un étranger dans un service quelconque ; mais il ne cède que peu à peu, il constate que là où l'étranger disparaît, le service se désorganise et ne laisse bientôt que des ruines. C'est ainsi qu'à l'arsenal de Han-Yen, sur le Yan-tze-Kiang, il a été forcé de rappeler un Allemand comme directeur technique, après avoir essayé de n'employer que des Chinois. Cet arsenal pourvu de machines-outils les plus perfectionnées ne produit que 50 fusils par jour et 20 000 cartouches, rendement des plus faibles et très onéreux. Le chemin de fer de Hankow-Pékin, le seul donnant de sérieux bénéfices, est un autre exemple. On se rappelle qu'il a été construit par une société franco-belge. Le gouvernement l'a racheté. Un Chinois en est maintenant l'administrateur. Il a dû maintenir le personnel technique en grande partie français, et cette ligne ne prospère que grâce à son directeur technique, ingénieur remarquable qui l'a construite et l'a sauvée en ne l'abandonnant pas. L'administrateur s'est réservé la partie financière. Pour prouver qu'un personnel chinois était mieux à même d'administrer que les Européens, les dividendes ont été augmentés l'année dernière, mais aux dépens de l'entretien et des réparations. Le chemin de fer de Shang-haï à Hang-chau a été tracé et construit par les Chinois : 170 kilomètres en terrain plat, avec quelques ponts sans importance. Il est neuf, et déjà en mauvais état. Il serait facile de multiplier les exemples. Le Chinois n'a aucun esprit de suite, son système d'éducation l'incite à ne rien entretenir, il ne sait pas prévoir. Dans l'Empire, tout se ruine. Alors il faut reconstruire et c'est une nouvelle source de profits illicites.

Les gouvernemens occidentaux pressent sur leurs agens diplomatiques afin d'obtenir des concessions de chemins de fer, des emprunts, des achats de matériel de guerre... Il se fait à cet égard à Pékin une concurrence à peine croyable, une surenchère dont les Chinois profitent et dont les Européens paient les frais. Certaines maisons puissantes offrent à perte, espérant par ce moyen écarter les concurrens et s'emparer du marché. La flatterie vient en aide à la réclame. Elle émane parfois de très haut. Les journaux chinois écrivaient dernièrement : « L'empereur d'Allemagne vient de faire connaître au prince régent le plaisir que lui cause le choix du nouveau ministre de la Guerre (ancien ministre de Chine à Berlin parlant bien l'allemand). Il profite de cette occasion pour l'assurer de son désir d'être agréable et utile à la Chine en toutes circonstances. » La démarche des États-Unis, demandant l'internationalisation des chemins de fer mandchouriens, si nettement repoussée par le Japon et la Russie, avait probablement le même but. Le gouvernement de Washington ne peut pas ignorer que ni les Japonais, ni les Russes, n'évacueront les lignes qu'ils gardent en exécution des clauses du traité de Portsmouth. De tels procédés ont pour conséquence des exigences plus grandes du gouvernement chinois. Aussi, dès maintenant, toute garantie des emprunts offerts pour la construction des chemins de fer est-elle refusée. L'Empire chinois veut créer un grand réseau. En ce moment, 3 100 kilomètres sont en exploitation, 1 600 en construction. Celle-ci est presque partout arrêtée faute de fonds. Pour créer les lignes projetées, en les estimant en moyenne à 150 000 francs le kilomètre, matériel, bâtimens et ateliers de réparation compris, il faudrait 2 milliards 350 millions. Même en répartissant cette somme sur une longue période, il n'est pas possible à la Chine de trouver chez elle les capitaux nécessaires; il faut donc s'adresser à l'étranger. Mais les populations, les étudians surtout, protestent contre tout emprunt extérieur. — Nous ne voulons pas nous mettre à la merci des puissances occidentales, disent-ils. Sur cette question une agitation menaçante s'est déjà produite dans certaines régions. La question sera peut-être résolue en formant des syndicats de notables capitalistes chinois qui souscriront les emprunts.

Ils prendront l'argent où il sera offert aux meilleures conditions. La France est destinée à en fournir une partie, soit directement, soit indirectement. Dans ces conditions, aucune garantie d'intérêt n'est possible. En admettant l'honnêteté des syndicats, les capitaux engagés n'en sont pas moins exposés à la ruine. Toute exploitation entre des mains chinoises est vouée au désastre. On peut être sûr que, dans les frais de construction, des sommes énormes seront dilapidées. Les établissemens financiers sont toujours disposés à souscrire aux emprunts. Ils les offrent à un taux permettant de placer les titres dans leur clientèle avec une majoration de plusieurs points. Leurs bénéfices sont donc toujours sûrs. Ils feront ressortir l'honnêteté proverbiale des Chinois, la richesse de l'Empire, qui n'a besoin pour se développer que de capitaux. Ils offriront un gros intérêt et feront entendre que l'État, avec sa faible dette de 2 ou 3 milliards, ne peut pas s'exposer à se voir imposer la restitution par la force. L'épargne est très friande des emprunts d'État. Elle estime qu'ils doivent inspirer toute confiance. L'exemple de l'Argentine est oublié. En Europe et aux États-Unis, l'argent sera trouvé, mais il sera compromis. Seule une administration financière régulière et honnête autoriserait un tel risque. Sera-t-elle jamais organisée? En ce moment, personne ne peut prévoir quand et comment.

Le fait suivant peut servir à illustrer le point de vue des sociétés financières. A la fin de 1908, un emprunt était nécessaire pour construire les sections du Hou-pé et du Hou-nan de la future grande ligne Hankow-Canton. L'ancien vice-roi du Hou-Kouang, Tchang-tche-tong, conseiller du prince régent et à cette époque le personnage le plus influent de la Chine, s'était fait donner antérieurement la direction supérieure de la construction. Il s'adressa à la finance anglaise. Celle-ci avait rendu service au gouvernement chinois en 1905 en lui prêtant dans de bonnes conditions environ 38 millions, pour racheter la concession du chemin de fer, accordée à un groupe de financiers américains, l'*America-China development Company*. C'est en reconnaissance de ce service que l'ancien vice-roi s'adressait à l'Angleterre. Celle-ci, en vertu d'un accord anglo-français de 1906, nous associait par moitié à cet emprunt aussi bien pour le capital que pour le matériel à fournir. La Société devait être anglaise ainsi que son président. Il était d'ailleurs utile qu'il en fût ainsi, parce que ni le vice-roi, ni les classes dirigeantes ne montrent de la sympathie pour notre pays. L'attitude de plusieurs de nos fonctionnaires au Tonkin, vis-à-vis des révolutionnaires chinois, en est cause. La Presse manifeste fréquemment sa malveillance à notre égard. Elle représente la France comme pressurant les populations annamites et comme n'ayant plus qu'une position militaire et diplomatique inférieure. La finance anglaise, sollicitée par Tchang-tche-tong, déclara qu'elle ne pouvait prêter qu'avec le droit de

contrôle et de *veto* sur les dépenses. Tout prélè-
vement d'argent dans les banques devait être auto-
risé. C'est le système suivi dans la construction
du chemin de fer de Kaowlung (en face de Hong-
Kong) à Canton. Le directeur est Chinois, mais
l'ingénieur en chef et l'administrateur, qui sont
Anglais, peuvent seuls autoriser le directeur à
toucher l'argent nécessaire. Cette résolution était
motivée.

Les Chinois ont commencé à construire le chemin de fer de Shang-haï à Hang-tchéou et de
Canton à Hankow en ne laissant presque aucun
contrôle aux porteurs de titres. Alors le kilomètre
construit est revenu à des prix excessifs; tout est
désordre et malversation. Les actionnaires chinois, groupés par région et par coteries, se dis-
putent l'administration et les commandes locales
de matériel, l'argent est gaspillé, il se forme des
sociétés syndicales qui défendent leurs intérêts
par le boycottage, quelquefois même par la des-
truction. Les Chinois ont renvoyé le personnel
européen sans pouvoir le remplacer, et les
quelques ingénieurs conservés sont réduits à l'im-
puissance. Les propositions anglaises n'ont pas été
acceptées. Les Chinois veulent un contrat analogue au système de l'emprunt anglo-allemand du

chemin de fer de Tient-sin à Pouko-Ou, dans lequel les ingénieurs en chef, Anglais et Allemands, sont de simples employés du directeur chinois qui dispose des fonds. Ce système a donné des résultats déplorables. Pour obtenir ce qu'ils désirent, ils se sont adressés à l'Allemagne. La *Deutsch-Asiatische Bank* leur accorde l'emprunt dans les conditions du traité Tien-tsin-Pouko-Ou. Une convention en date du 15 mars 1909 a été conclue entre la *Deutsch-Asiatische Bank*, la *Hong-Kong and Shanghaï banking Corporation* et la Banque de l'Indo-Chine constituant un syndicat qui traitera avec le gouvernement chinois, si celui-ci consent à des conditions acceptables. Mais les États-Unis interviennent. Leur influence en Chine est maintenant dominante. Quelques jours après l'accord anglo-franco-allemand, les États-Unis obtenaient du Ouaï-ou-pou que la signature de Tchang-tche-tong serait refusée. Tout était donc remis en question. Depuis, l'accord s'est fait. Un emprunt de 150 millions de francs a été consenti par le consortium Anglo-Franco-Allemand dans lequel les États-Unis sont entrés. Chaque nation doit fournir un quart. Mais on n'a pu obtenir d'autres garanties que celles de la construction du chemin de fer de Canton à Kaw-lung. L'argent déposé dans les banques ne peut en sortir que par acomptes avec la signature de l'ingénieur en chef anglais. Il ne la donne qu'après justification de la dépense régulière de l'acompte précédent. Ces incertitudes dans l'emploi des emprunts donnent lieu dans les milieux financiers à des conceptions étranges qui se résument ainsi : Entendons-nous tous pour tirer de la Chine tout ce qu'elle peut donner. Plus de politique, et, si la Chine ne fait pas honneur à ses engagemens, par notre entente nous serons assez forts pour l'y forcer, tandis qu'isolée aucune nation ne tenterait de l'y contraindre. Des publicistes ont même engagé la Russie et le Japon à faire partie de cette entente. Un régime d'internationalisation des emprunts chinois serait, disent-ils, le corollaire de tous les traités signés depuis trois ans et qui tendent à garantir l'intégrité de la Chine. Les sociétés financières estiment que les gouvernemens ont le devoir de faire la guerre pour assurer leurs bénéfices.

Dans les sociétés industrielles, les garanties n'existent pas davantage. Au confluent de la rivière Han et du Yang-tze-Kiang, près d'Hankow, est placée une grande usine métallurgique, pourvue des machines et des appareils les plus modernes et les plus perfectionnés. Elle a déjà coûté plus de

60 millions. L'usine est propriétaire à Ta-Yeh d'une mine de fer d'une teneur exceptionnelle, hématite à 67 pour 100, située sur le fleuve à une centaine de kilomètres en aval. Elle possède aussi à Ping-Hsiang, sur un cours d'eau en amont, une mine de houille de très bonne qualité, produisant 5 000 tonnes et fabriquant 1 000 tonnes de coke par vingt-quatre heures. La production de fonte et d'acier, quoique considérable, ne suffit pas aux commandes. Le Japon est un de ses meilleurs clients et elle envoie de la fonte aux États-Unis. Presque toutes les actions appartiennent à un capitaliste chinois, qui occupe une haute situation honorifique à la Cour. Un ingénieur en chef directeur technique, 4 ingénieurs, 30 contremaîtres sont les seuls Européens. Il y a peu de temps, les Chinois ont essayé de s'en passer, ils ont été rappelés sans retard, tout se perdait. La partie financière a été confiée à un Chinois, intelligent et capable. Il résidait à Shanghaï comme directeur commercial. Malgré la direction technique excellente et la réunion de conditions si favorables, l'usine couvrait à peine ses frais. On vient de s'apercevoir que le directeur commercial avait détourné plusieurs centaines de mille taëls. Lorsque les Chinois entreprennent une construction, elle

devient une occasion de détournemens, de gaspillage et souvent elle est presque inutilisable. Le chemin de fer de Pékin à Kalgan a été construit par leurs ingénieurs. L'avant-projet avait été fait par un Anglais. Pour raccourcir le tracé, ils ont fait des rampes de 30 millimètres par mètre, ne permettant aucun rendement utile. Si le chemin de fer russo-chinois *Pékin-Kalgan, Urga-Udinsk* est construit, il faudra refaire la section *Pékin-Kalgan*. Les lignes chinoises ont un faible rendement, le calcul montre que sur la meilleure ligne, celle de *Pékin-Hankow*, les trains militaires ne sauraient dépasser 27 voitures et 16 sur la ligne *Pékin-Mukden*. Le matériel manque. Cinq trains par jour paraissent un maximum. Il ne faut pas perdre de vue que les chemins de fer, construits sans solidité, ne vont pas tarder à exiger des sommes considérables pour leur entretien. Pourra-t-on les trouver ? Le délabrement est une des caractéristiques de la Chine, il atteint l'armée comme toutes les autres organisations. Aussi le développement donné à l'état militaire est-il inutile et dangereux. L'augmentation des unités est une cause de désordre. Le gouvernement lève des troupes et ne peut plus les payer. Les hommes n'ayant pas de quoi vivre s'insurgent. Une révolte comme celle des troupes de Canton, il y a quelques mois, dirigée par les révolutionnaires et les sociétés secrètes, aurait les conséquences les plus graves. La dynastie mandchoue des Ta-tsin, la très pure, sur le trône depuis 1644, serait de ce fait en danger. La Couronne rend des édits prescrivant d'étudier l'organisation d'un gouvernement représentatif. Ces études dureront longtemps. On peut prévoir qu'elles n'aboutiront jamais. Si elles aboutissaient, la dynastie mandchoue serait déposée, puisque le pouvoir serait entièrement entre les mains des Chinois. Le gouvernement doit compter avec les tendances révolutionnaires des nombreux officiers et étudians retour d'Europe et du Japon. Il leur tarde d'arriver aux fonctions lucratives, actuellement occupées par les lettrés de la vieille école. Ceux-ci doivent disparaître au plus tôt, ils ne savent rien, ils encombrent. Ces jeunes arrivistes provoquent des troubles (Hankow, avril 1910), qui, pour être moins sérieux que les séditions militaires, n'en compromettent pas moins la vie des Européens et des missionnaires. On a le droit d'en faire responsable le gouvernement, car souvent les fonctionnaires excitent la foule en sous main pour dériver sa fureur. C'est le procédé classique. Lorsque le chef est débordé, il se met à la tête du mouvement. L'insurrection des Boxers en a donné l'exemple. Le gouvernement l'avait d'abord combattue. N'étant pas le plus fort, il en a pris la direction. Il peut donc se faire que, sous la pression de l'opinion, le Conseil de l'Empire ne tarde pas à remercier les Européens qui dirigent des services de l'État. Ces services se désorganiseront aussitôt, et le peuple, qui voit dans l'étranger un exploiteur avide, lui attribuera le désordre qu'il pensera provoqué pour se rendre indispensable. Des conséquences analogues à celles de la rébellion de 1900 sont à prévoir. Si la surenchère des gracieux procédés amenait les puissances à retirer de Pékin les troupes de garde aux Légations, des émeutes éclateraient probablement. L'intervention japonaise se produirait aussitôt et l'écrasement inévitable des troupes chinoises amènerait peut-être l'événement redouté de tous : le démembrement.

Les efforts du gouvernement sont vains. La Chine est et restera antimilitaire. La matière première manque : le soldat est mauvais et le combat moderne ne permet plus de forcer les gens à se battre quand ils ne le veulent pas. Une troupe chinoise, hors du champ de manœuvre, donne l'impression de gens ennuyés qui trouvent odieux et inutile ce qu'on leur demande. Les désertions sont nombreuses, cependant la faute est sévèrement punie. L'oreille droite est coupée. Mais le coupable se retrouve rarement. En résumé, plus l'armée se développe, moins elle est solide. La famille impériale ne peut guère compter sur elle. Les enfans des Mandchoux, attachés à sa fortune, forment bien sa garde, mais à côté sont des divisions chinoises! L'Homme malade n'est plus à Constantinople, il est à Pékin. Les emprunts que les sociétés financières s'obstinent à lui offrir, serviront peut-être à payer les frais de son enterrement.

Le cerveau de la Chine se forme aujourd'hui dans les Universités américaines. Le Céleste-Empire apprend l'anglais. Quand il le saura, toutes ses aspirations, toutes ses facultés seront dirigées vers le négoce. Ses tendances seront encore moins belliqueuses qu'aujourd'hui. L'Anglo-Saxon répugne au service obligatoire, sans lequel il n'y a pas d'armée solide, et le Chinois des classes dirigeantes va se pénétrer de l'esprit anglo-saxon.

La force militaire n'est pas la seule à considérer : il en est une autre dont l'action crée déjà des embarras à certaines puissances. C'est la force d'expansion. Malgré une grande mortalité infantile, la population de la Chine croît rapidement. Les famines, les massacres consécutifs aux séditions qu'elles amènent, les épidémies, rétablissaient autrefois l'équilibre. Maintenant les fléaux deviennent plus rares. Les missionnaires y contribuent pour une large part. Ils élèvent des enfans abandonnés, propagent la vaccine, fondent des hôpitaux, distribuent des remèdes, et le sol, cultivé jusque sur la laisse des eaux, ne suffit pas à nourrir la population. Elle essaime à l'étranger, en nombre chaque année plus considérable, et fait à la main-d'œuvre occidentale une concurrence que celle-ci ne veut pas tolérer. De là les mesures prohibitives prises par les États-Unis, maintenant étendues aux Philippines. Dans les mers indiennes et dans le Pacifique, cette invasion est utile. Elle permet aux entreprises européennes de prospérer. Dans ces climats, l'Occidental ne peut pas travailler dans les champs. Le Chinois, cultivateur, commerçant habile, se rend presque indispensable, mais aussi, peu à peu, il devient propriétaire des affaires fructueuses. L'éviction de l'Européen est ainsi commencée, elle sera lente et ce péril ne changera pas l'équilibre du monde. La Chine ne sera pas en état d'imposer ses nationaux à l'étranger, comme jadis l'Angleterre imposa l'opium, à coups de canon.

L'émigration ne se porte pas uniquement vers le Sud et l'Est; elle s'étend également vers le Nord et le Nord-Ouest. Des régions, presque inhabitées il y a trente ans, et qui passaient pour inhospitalières, sont aujourd'hui cultivées et prospères. C'est le résultat de l'œuvre russe en Asie, l'œuvre des chemins de fer. Sa grandeur n'est pas appréciée à sa valeur. Grâce à elle, l'Europe peut regarder sans inquiétude la progression vers l'Ouest des populations Jaunes. Pour se rendre compte de leur mouvement, il faut se rappeler ce qu'étaient, il y a cinquante ans, les territoires qui s'étendent à l'Est du lac Baïkal jusqu'au Pacifique. Ils comprennent trois provinces russes : Transbaïkal, Amour, Province maritime et deux provinces de la Mandchourie du Nord, Tsitsihar et Kirin. En 1858, un savant russe, Véniukoff (1), parcourait ces régions. Parti du confluent de l'Amour et de l'Oussouri, il remonta cette rivière et explora le pays, jusqu'à la Tiumen, qui sert actuellement de frontière entre la pointe Sud de la Province maritime, la Corée et la Mandchourie. Véniukoff n'avait rencontré qu'un très petit nombre de faibles groupes épars, indigènes Toungouzes, chasseurs

(1) *The coming struggle, by Putnam Weale*, Londres, 1909.

de zibelines ou pêcheurs. Ces pauvres gens sans armes étaient terrorisés par quelques postes mandchoux, établis le long des cours d'eau afin d'extorquer, comme tribut, le produit de leur chasse. Dans le Sud seulement quelques fermiers chinois cultivaient le Ginseng. Ce territoire mesurant plusieurs milliers de kilomètres carrés était presque inhabité. Les rapports de Véniukoff décidèrent le gouvernement russe à demander aux Chinois, outre la rive gauche de l'Amour, le territoire de la Province maritime. La Chine avait si peu d'action sur ces régions, elle y tenait si peu que la demande russe, agréée sans difficulté, fut inscrite dans le traité de Pékin de 1860. Bientôt des villes russes surgirent le long de l'Amour : Ust-Strelotchnoï, au confluent de la Shilka, 800 kilomètres à l'Est du Baïkal; Komarsk, Blagovestchenk, Aïgun, Khabarovsk au confluent de l'Oussouri. Cette dernière ville prit une telle importance qu'en 1880, elle remplaçait le port de Nicolaïevsk, à 400 kilomètres en aval, comme centre administratif du territoire de la côte du Pacifique. Placée à mi-distance entre Nicolaïevsk et le nouveau port de Vladivostock, elle fut choisie comme capitale de la nouvelle province de l'Amour. Dans toutes ces villes, surtout à Khabarovsk, s'établissent depuis quelque temps des colonies chinoises. Elles construisent des maisons, entreprennent des affaires et s'accroissent en attirant à elles de nouveaux commerçans. Les Russes et les Chinois ne se mêlent pas, mais ils s'entendent pour des bénéfices communs. Des vapeurs remontent l'Amour et la Shilka, jusqu'à Strétensk à plus de 3 000 kilomètres à l'Ouest et facilitent l'établissement d'autres groupemens s'étendant jusqu'au Baïkal. En 1897, lors du dernier recensement, les trois districts de Khabarovsk, Oussouri et Sud Oussouri contenaient 171 780 âmes ; dix ans après, la population est estimée à 350 000 habitans, sur lesquels 90 000 au moins sont Chinois ou Coréens. Cette même année, la population entre Khabarovsk et la frontière du Transbaïkal était de 118 750 âmes. Depuis cette date, le chiffre a doublé. Aujourd'hui Blagovestchenk a plus de 50 000 habitans, Russes, Chinois et Coréens. A peu de distance en aval, une population agricole mandchoue d'environ 20 000 âmes s'est fixée définitivement et vit séparée des colons russes. Ce nombre s'augmente d'une manière inattendue. Ce fait peu connu (1) montre que la colonisation chinoise est apte à reprendre possession de

(1) *The coming struggle by Puttnam Weale*, Londres, 1909.

régions perdues par la faute d'un mauvais gouvernement. Dans la région du moyen Amour, des communautés de Coréens se sont établies et ces groupes, Mandchoux, Chinois et Coréens, cultivent, prospèrent et s'accroissent. Le gouvernement s'efforce de diriger la colonisation russe vers l'Amour. Le progrès est faible, s'il est comparé à celui constaté à l'Ouest du Baïkal. En 1875, fut décidée la construction du chemin de fer de l'Oussouri, pour relier l'Amour au port de Vladivostock dont l'importance devenait de jour en jour plus évidente. Jusqu'alors Nicolaïevsk, placée à l'embouchure de l'Amour, avait retenu toute l'attention. En 1887 seulement, le projet de la section Sud de 1500 kilomètres fut approuvé. On se rappelle qu'en 1891, à son retour du Japon, l'empereur Nicolas II, alors prince impérial, inaugura le 19 mai le premier train. Deux kilomètres étaient terminés. En 1897, c'est-à-dire en six ans, les 772 kilomètres qui séparent Vladivostock de Khabarovsk étaient construits. Le pays traversé était alors désert. Maintenant des villages se sont créés et, aux stations, des Chinois, venus en nombre du Shan-tung, cultivent les jardins potagers et les champs. Les Russes ont fait des règlemens pour que toute la culture ne tombe pas entre les mains chinoises, mais les profits sont, paraît-il, assez considérables pour que ces règlemens soient constamment tournés. A Nicolsk, point de jonction avec le chemin de fer de Mandchourie, une ville s'est construite. Elle a maintenant plus de 20 000 âmes. Elle est située dans une plaine de plusieurs centaines de kilomètres carrés dont la terre est excellente pour la culture du blé. Des hameaux surgissent qui deviennent d'importans centres de culture et les Coréens arrivent plus nombreux de mois en mois. Il faut dire que, depuis trente ans, une population coréenne d'abord très disséminée s'y est établie. Elle a beaucoup prospéré et nombre de ses compatriotes, franchissant la frontière, viennent l'augmenter. Au commencement de l'occupation de la Province maritime, le gouvernement russe couvrait de sa protection bienveillante cette immigration coréenne, maintenant il se trouve lié par ses anciens règlemens. Il ne peut plus ralentir ce mouvement qui tend évidemment à rejeter la colonisation russe. Les Chinois arrivent de Mandchourie par milliers ; ils résident maintenant dans le voisinage de Nikolsk et, à la fin de l'été, un grand nombre vient par le chemin de fer pour la récolte. Des moulins à vapeur se voient jusqu'à Chernigovka, à 190 kilomètres de

Vladivostock. Ils montrent l'importance de la culture du blé dans cette région. Lorsqu'en 1895, après l'écrasement de la Chine, l'intervention européenne obligea le Japon à évacuer la Mandchourie, la Russie commença à s'étendre vers le Sud : Vladivostock est fermé par les glaces à la petite navigation pendant cinq mois. Elle voulait un port en mer libre. La presqu'île du Liau-Tung fut louée à bail à la Chine et Port-Arthur, maintenant Ryojun et Dalny, maintenant Dairen, s'élevèrent très vite. Les chemins de fer mandchouriens de Nicolsk à Karimskaïa, 1 700 kilomètres, et de Harbin à Port-Arthur, 940 kilomètres, furent construits en cinq ans. La puissance d'attraction des chemins de fer se manifesta aussitôt. Déjà elle avait produit en Sibérie des effets qu'il faut connaître pour se rendre compte de ce qui va se passer en Mandchourie. En 1853, la Sibérie avait 3 millions 500 000 habitans. Ce nombre passe de sept millions 91 000 en 1897 à plus de 15 millions en 1907. La population a doublé en dix ans. Si cet accroissement continue, la Sibérie aura trente millions d'habitans en 1917, presque tous concentrés le long des chemins de fer. Il est maintenant contraire à la réalité de dire que la Russie d'Europe finit aux monts Ourals. L'Europe s'étend jusqu'au lac Baïkal. Tout ce qui est en deçà est aussi européen que le sont Kief et Moscou. La population est de pure race caucasique, elle gagne vers l'Est, engagée dans ce mouvement par le gouvernement et grâce à l'action du Transsibérien. Elle va ainsi à la rencontre de la race Jaune qui pour les mêmes raisons s'étend au Nord et au Nord-Ouest. On peut admettre que vers 1937, ces régions seront peuplées de 50 millions de Russes, car le sol peut les nourrir. Les exploitations agricoles chinoises gagneront en même temps vers le Transbaïkal. Ces mouvemens sont la conséquence des forces qui poussent les populations vers les régions où elles comptent trouver plus d'abondance avec l'espace et dont les chemins de fer, organes nourriciers, répartissent les ressources. L'examen de la situation donne lieu de penser que la colonisation russe, puissante à l'Ouest du Baïkal, s'étendra difficilement vers l'Est. Les Chinois ont graduellement descendu les vallées du Sungari et leurs cultures couvrent maintenant de vastes espaces sur des terrains déserts il y a dix ans. Des villes chinoises s'élèvent à côté des villes russes. Sous ce rapport, Harbin montre ce que deviendra la Mandchourie quand elle sera soustraite à l'administration corrompue du Céleste-Empire. En

1902, Harbin était une simple station de bifurcation, avec quelques centaines d'employés ou de marchands. Quarante mille Russes l'habitent aujourd'hui. C'est la ville de l'Asie la plus peuplée d'Européens. Elle est située dans la vaste plaine du Sungari, qui contient plusieurs millions d'hectares d'excellente terre, et avant la dernière guerre, elle commençait à devenir un centre pour le commerce du blé. Quatre moulins à vapeur construits par des Russes avaient donné de gros bénéfices. D'autres s'élevèrent bientôt aux différentes stations voisines des centres de culture. Au commencement des hostilités, neuf moulins à Harbin et huit autres échelonnés le long de la ligne *Harbin-Mukden* pouvaient livrer 600 000 kilogrammes de farine par vingt-quatre heures. Ceci explique en partie le remarquable rendement du Transsibérien dans les transports militaires et comment l'intendance a pu pourvoir, sans mécomptes, plus d'un million de rationnaires. La viande, fournie par des entrepreneurs, venait par voie de terre de la Sibérie orientale et de la Mongolie. Les trains étaient donc entièrement utilisés pour le transport des hommes et du matériel de guerre. Lorsqu'il fut décidé qu'Harbin serait la base des opérations, les constructions s'élevèrent de tous côtés avec méthode, des voies d'évitement furent disposées pour recevoir au besoin une grande quantité de trains sans arrêter le trafic. Tout fut établi dans les mêmes proportions, baraquemens, magasins, hôpitaux, ateliers de réparations.

Harbin est actuellement une des plus grandes stations-magasins du monde. A côté d'Harbin, sur la Sungari, une ville chinoise s'est élevée. C'est Pristan qui, très prospère pendant la guerre, est à peine désengorgée des marchandises que le départ des troupes ne lui a pas permis d'écouler. Mais, sur la rivière, l'activité des Chinois est toujours aussi grande. Leurs jonques, pour la plupart construites à Kirin, amènent les produits agricoles jusqu'à Nicolaïevsk. Plusieurs millions de planteurs chinois, gagnent peu à peu vers le Nord et l'excellence de leurs méthodes de culture défie la concurrence des Russes, dont les villages commencent à être noyés dans ces nouvelles agglomérations. La Mandchourie est une des plus riches provinces de la Chine, tant au point de vue minier qu'au point de vue agricole.

Elle est encore loin d'avoir la population qu'elle peut nourrir. Surpeuplée sur la rive Est de la Sungari, elle est presque vide sur la rive Ouest.

En engageant plusieurs milliers de familles chinoises à émigrer de la province de Kirin dans celle de Tsisihar, le général tartare gouverneur a fait preuve de jugement. La province n'a que trois millions d'habitans et pourrait en nourrir vingt millions. Les rives de la Nonni qui baigne Tsisihar sont aujourd'hui ensemencées. Les pays de pâturages de la Mongolie commencent à être conquis par la culture. Dans le Sud-Est de Tsisihar, entre le désert de Gobi et la Mandchourie centrale, il se forme une nouvelle province, qui bientôt sera officiellement reconnue. D'après les projets chinois, une ligne de fer de 2600 kilomètres doit la traverser du Sud au Nord. Elle partirait de Pékin, et par Kalgan, Urga et Kiakhta, aboutirait au Transsibérien vers Udinsk. Depuis Kalgan, la région est en ce moment presque déserte. Ce chemin de fer la peuplera et les Chinois auront alors une nouvelle voie facilitant leur extension vers le Nord-Ouest. A ce moment, les Russes auront terminé le chemin de fer qui va suivre la rive gauche de l'Amour en partant de Strétensk pour aboutir à Khabarovsk. L'importance militaire de cette ligne est évidente, l'importance commerciale ne l'est pas moins. Le trafic de l'Amour ne sera plus arrêté par les glaces.

Cette ligne dégagera le Transsibérien, en ce moment encombré. Cependant son rendement s'est beaucoup accru, par le rapprochement des stations et l'augmentation des voies d'évitement. Le prince Khilkoff, dont l'œuvre ne saurait être trop admirée, devait ajouter entre l'Oural et le Pacifique un nombre suffisant de stations pour doubler la capacité de transport. Grâce aux chemins de fer, la situation de la Russie en Mandchourie est plus forte qu'elle n'a jamais été. Il faut ajouter aux effectifs fixés par le traité de Portsmouth pour les troupes affectées à la garde des voies (15 hommes par kilomètre), les fortes garnisons de Vladivostock, de Nicolsk et de Grodekof. D'ailleurs le 5e corps vient d'être envoyé de Pologne à Perm et Vologda et s'est ainsi rapproché de la Mandchourie, de 1600 kilomètres ; ni les Russes, ni les Japonais n'abandonneront les chemins de fer qu'ils tiennent et personne ne pourrait les y contraindre. Le gouvernement chinois ferait sagement de comprendre que, sous ce rapport, son influence est nulle. La construction, par les Japonais, du chemin de fer de Chang-Chun à Kirin, faite malgré son opposition, vient de lui en donner la preuve. Le gouvernement russe envisage un autre projet d'une importance aussi grande que celle de la ligne de l'Amour. Son exécution entourera la Chine d'un véritable cercle de fer. Même en admettant qu'elle devienne une puissance militaire, et rien en ce moment ne permet de le prévoir, elle ne pourrait pas se dégager de l'étreinte.

C'est la jonction du Transsibérien avec le système Transcaspien. La nouvelle ligne de 2200 kilomètres réunirait Taschkent à Tomsk (sur le Transsibérien) par Semipalatinsk. Elle permettrait de porter rapidement les troupes du Turkestan et de l'Asie Centrale en Extrême-Orient. Le doublement de la voie du Transsibérien entre Tomsk et la Mandchourie formerait son prolongement et donnerait une ligne de transport indépendante. Ce chemin de fer peut être construit rapidement. Le tour de force accompli pendant la guerre en contournant le lac Baïkal, la construction de ponts de dimensions exceptionnelles lancés sur des rivières à cours changeant, les 22 000 kilomètres de voie établis depuis dix-huit ans, prouvent que les ingénieurs de chemins de fer russes sont sans rivaux dans le monde.

Les chemins de fer feront de la Russie un colossal empire dont toutes les parties, assujetties par des liens d'acier, lui donneront une force dont personne ne peut en ce moment soupçonner l'étendue. Quant à la marche des Chinois vers l'Europe comme cultivateurs ou artisans, nous avons vu que, grâce **au peuplement de la Sibérie**, elle n'est pas à redouter. La douceur et l'habileté du gouvernement du Tsar rendent la vie facile aux nations qu'il a rangées sous son drapeau. Les populations chinoises verront leur bien-être s'accroître. Elles sont naturellement soumises, obéissantes, et ne s'insurgent que si l'existence leur est rendue insupportable. Elles seront fidèles à l'Empereur.

En approchant de Khabarovsk, le voyageur qui descend l'Oussouri voit, sur le sommet d'une falaise dominant la région, une croix de bois garnie de fer, de dimensions colossales. Sur cette croix sont gravées les paroles que prononça le baron Korff, le premier gouverneur général de l'Amour, lorsque, au milieu du siècle dernier, Khabarovsk remplaça Irkoutsk, comme centre administratif : « Le pouvoir réside dans l'amour et non dans la force. » Ces nobles paroles résument l'action de la Russie en Extrême-Orient. Entre le monde asiatique et l'Europe, s'élève en ce moment une barrière faite de millions d'hommes de race blanche attachés au sol par la propriété. Ils savent vivre au contact des Asiatiques et s'en faire aimer.

La persévérance et la ténacité sont des vertus essentiellement russes. L'œuvre entreprise sera poursuivie. Elle est digne du passé de la Russie et du noble caractère de son Empereur.

L'Empire Chinois n'est pas le géant qui s'éveille. C'est le fumeur d'opium secouant sa torpeur. Des convulsions l'attendent. Les intellectuels ont empoisonné son organisme. S'il guérit jamais, il restera sans force.

Le Péril Jaune n'existe pas.

Pékin, 1er mai 1910.

Paris. — Typ. PH. RENOUARD, 19, rue des Saints-Pères. — 49967.